# ¡Tiburón al ataque!

Gail
Tuchman

SCHOLASTIC INC.

# ¡Lee más! ¡Haz más!

Descarga gratis el nuevo libro digital
**¡Tiburón al ataque! Lectura y diversión**

Pruebas para
comprobar tus
conocimientos
y destrezas
de lectura

Divertidas
actividades para
demostrar lo que
has aprendido

Visita el sitio
**www.scholastic.com/discovermore/readers**
Escribe este código: L2SPFXD77442

# Contenido

**EDUCATIONAL BOARD:**
Monique Datta, EdD, Asst. Professor, Rossier School of Education, USC;
Karyn Saxon, PhD, Elementary Curriculum Coordinator, Wayland, MA;
Francie Alexander, Chief Academic Officer, Scholastic Inc.

Originally published in English as *Shark Attack!*

ISBN 978-0-545-62818-1

12 11 10 9 8 7 6 5 4 3 2 1     14 15 16 17 18 19/0

Printed in the U.S.A.   40
First Spanish edition, January 2014

Scholastic hace esfuerzos constantes por reducir el impacto
ecológico de nuestros procesos de manufactura.
Para ver nuestras normas para la obtención de papel,
visite www.scholastic.com/paperpolicy.

Tiburón
martillo
común

# Cazadores del océano

El mako se lanza sobre su presa a 20 millas por hora con la boca abierta y lista para atacar. Los tiburones son los grandes cazadores del mar. El mako es el más veloz de los tiburones.

Tiburón
peregrino

Tiburón sarda

Gran tiburón
blanco

Tiburón oceánico

Tiburón leopardo

Tiburón
tigre

PALABRA NUEVA

**presa**

La **presa** es un animal
que es perseguido por
otro que lo caza para
matarlo y comérselo.

DILA EN VOZ ALTA

Tiburones de
arrecife del
Caribe

Tiburón
sedoso

Tiburón
mako

Los tiburones son peces. El pez más grande del mundo es el tiburón ballena. Puede medir hasta 40 pies de largo.

¿Cuán grande soy?

Tiburón linterna enano

Ser humano

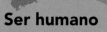

El tiburón linterna enano mide 7 pulgadas y cabe en la mano. Su panza emite un resplandor que impide que lo vean desde abajo. Así se oculta de los depredadores.

Este es el tiburón más pequeño del mundo.

Este es el tiburón más grande del mundo.

Tiburón ballena

T. rex

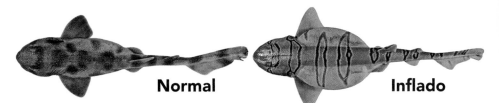

**Normal**  **Inflado**

El tiburón globo puede engullir mucha agua e inflarse hasta duplicar su tamaño. Así es difícil que otro animal lo muerda.

¡El mako puede saltar a 20 pies por encima de la superficie del mar!

**420** millones de años atrás    **200** maa

Ya nadan tiburones en los mares.

Los dinosaurios dominan la Tierra.

Los tiburones han habitado las aguas del mar por más de 400 millones de años. Los tiburones vivían en los mares mucho antes de la era de los dinosaurios.

Los tiburones de la antigüedad se comían a los dinosaurios que caían al mar.

**60** maa

Se multiplican los mamíferos.

**190.000** años atrás

Viven seres humanos en África.

# Cuerpos fabulosos

¿Por qué los tiburones han sobrevivido tanto tiempo? Sus cuerpos hacen que sean los mejores cazadores del mar. Su esqueleto está hecho de cartílago, una sustancia flexible que les permite girar y voltearse fácilmente en el agua.

**Gran tiburón blanco**

**¡Así es!**

El tiburón traga agua para respirar. El agua sale de su cuerpo por las agallas.

**El tiburón nunca se queda sin dientes.**

Nosotros tenemos cinco sentidos.
Los tiburones tienen uno más
para buscar a sus presas.

**Oído**  El tiburón oye
sonidos que tú no
puedes percibir.

**Gusto**  Casi todas tus papilas
gustativas están en la lengua.
El tiburón las tiene en la boca
y la garganta.

Las aletas lo ayudan a avanzar, mantener la estabilidad y fijar la dirección.

Los dentículos son escamas rugosas que protegen el cuerpo del tiburón.

**cartílago**

Tus orejas y tu nariz están formadas por **cartílago** resistente y flexible.

Un tiburón puede tener hasta 30.000 dientes durante su vida. Son la parte ósea de su cuerpo.

Si se le cae uno, le sale otro nuevo.

Algunos tiburones pueden oler la sangre a tres millas de distancia.

## Olfato Tú usas la nariz para oler y respirar. El tiburón usa la suya para oler a las presas.

**Tiburón nodriza**

Un gran tiburón blanco prueba una presa para saber si se la debe comer.

**Vista** El tiburón ve diez veces mejor que tú en la oscuridad.

El tiburón azul tiene una capa especial en los ojos que le permite ver en las aguas oscuras.

**Tacto** Tú sientes las cosas cuando las tocas. El tiburón siente la vibración de las cosas *antes* de tocarlas.

# Electrorrecepción

El tiburón tiene un sexto sentido: siente la electricidad de otros animales. Esto lo ayuda a hallar a las presas.

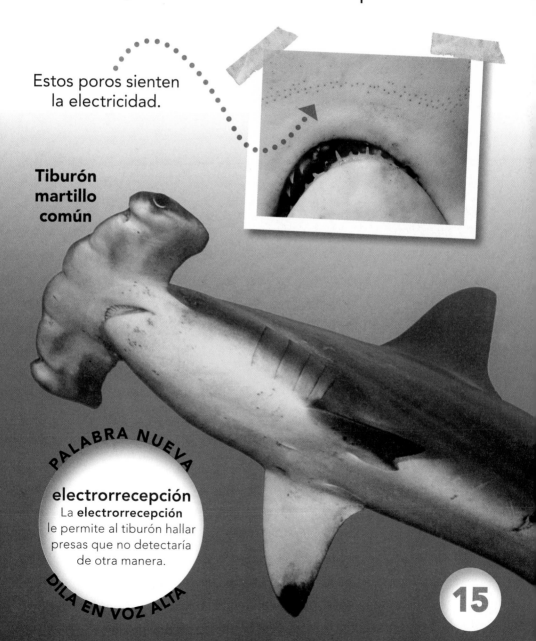

Estos poros sienten la electricidad.

**Tiburón martillo común**

# ¡Cómetelo!

La ocupación principal del tiburón es comer. Rara vez ataca a las personas para comérselas, pues tenemos muchos huesos y mal sabor. El tiburón come peces y otros animales marinos pequeños. ¡Y se come a otros tiburones!

**Bota vieja**

**Raya**

**Calamar**

**Plancton**

El tiburón tigre se come cualquier cosa, ¡hasta una bota!

El tiburón nodriza come calamares.

Al tiburón martillo le encantan las rayas.

El tiburón ballena come plancton... ¡por toneladas!

Un gran tiburón
blanco acecha
a una foca.
Nada muy rápido
cerca de la superficie.
Cuando está a unos pies
de la foca, el tiburón levanta
el morro, salta con las fauces
bien abiertas y saca la mandíbula
superior y los dientes hacia afuera.
Luego, clava los dientes en la presa.
*¡Y a comer!*

¡Así
es!

**Si se come una cría de foca, el gran tiburón**

blanco puede pasar hasta 15 días sin comer.

El suño cornudo huele una cápsula de huevo. La tritura con sus duros dientes planos.

El tollo cigarro pega los labios a la presa y la muerde con sus afilados dientes, arrancando un trozo de carne circular.

El tiburón peregrino nada con la boca abierta. Traga agua que luego sale por las agallas.

PALABRA NUEVA

**plancton**
El **plancton** está formado por animales diminutos que flotan en el agua a la deriva.

DILA EN VOZ ALTA

21

# Una de cada cuatro especies de animales marinos vive en los arrecifes coralinos.

**Tiburón de arrecife de punta blanca**

Los arrecifes están formados por esqueletos de millones de criaturas marinas diminutas.

Los tiburones dominan los arrecifes coralinos. Los mantienen sanos devorando animales débiles y enfermos.

**Tiburón de puntas negras**

# Ataques de tiburones

En Australia es donde los tiburones más atacan a las personas. Aun así el número de ataques es muy reducido.

**5**

**3**

ISLAS
COCOS

# AUSTRALIA

AUSTRALIA
OCCIDENTAL

**65**

Los cocodrilos, los perros y los cerdos matan más personas cada año que los tiburones. Las personas son un peligro mucho mayor para los tiburones que estos para las personas.

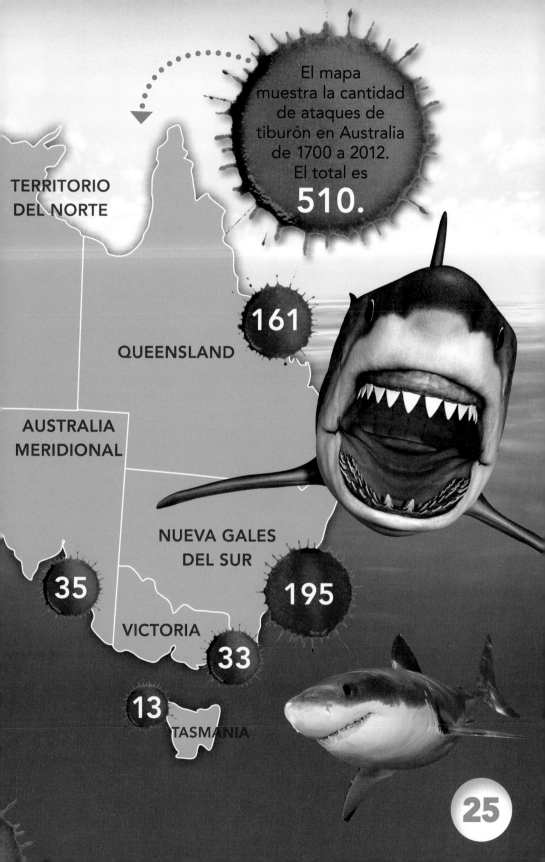

El mapa muestra la cantidad de ataques de tiburón en Australia de 1700 a 2012. El total es **510.**

TERRITORIO DEL NORTE

QUEENSLAND

**161**

AUSTRALIA MERIDIONAL

NUEVA GALES DEL SUR

**35**

**195**

VICTORIA

**33**

**13**

TASMANIA

# Tiburones en peligro

El ser humano es el peor depredador del tiburón. Cada año matamos unos 100 millones de tiburones.

Las aletas de tiburón se usan para hacer sopa.

Muchos tiburones quedan atrapados en las redes de pesca.

La Dra. Ellen K. Pikitch es científica y "amiga de los tiburones". Ella dice: "Los tiburones son criaturas sensibles que necesitan ayuda. Hay que reducir la cantidad de tiburones que se pesca cada año. Una manera de hacerlo sería creando zonas donde esté prohibida su pesca. Tenemos que ayudar a crear conciencia sobre los peligros que amenazan a los tiburones".

PALABRA NUEVA

**depredador**
El **depredador** persigue y mata a otros animales.

DILA EN VOZ ALTA

# Un mundo de tiburones

Los humanos vemos a los tiburones como animales terribles pero hermosos. Existen más de 400 especies de tiburones. No hay otro animal como este en el planeta. Ayudémoslos a

Tiburones azules devorando un banco de boquerones en las cálidas aguas de la costa de California.

sobrevivir. Logremos que los tiburones sigan nadando en los mares. Su futuro depende de que nosotros los respetemos y cuidemos de su hábitat marino.

# Glosario

**agalla**
Abertura que tiene un pez en el cuerpo, y por la que le sale el agua luego de haberle extraído el oxígeno que necesita para respirar.

**aleta**
Parte dura y plana del tiburón que le permite moverse en el agua, mantener la estabilidad o fijar la dirección.

**arrecife**
Franja de rocas, arena o corales a poca distancia de la superficie del agua del mar u otra masa de agua.

**boquerón**
Pequeño pez de agua salada que se pesca y se envasa en latas para el consumo humano.

**cartílago**
Tejido fuerte y flexible del que está formado el esqueleto de los tiburones.

**dentículo**
Escama áspera que ayuda a proteger el cuerpo del tiburón.

**depredador**
Animal que persigue a otros animales y los mata para alimentarse de ellos.

**electrorrecepción**
Sentido que poseen
los tiburones y que les
permite detectar las
señales eléctricas que
emiten otros animales.

**escama**
Fragmento de piel plana
y resistente que cubre el
cuerpo de los peces.

**esqueleto**
Conjunto de huesos
que sostienen y
protegen el cuerpo
de muchos animales.

**plancton**
Conjunto de diminutos
animales y plantas que
flotan a la deriva en los
mares o lagos.

**presa**
Animal que es cazado
por otro que lo usa
como alimento.

**sensible**
Que siente hasta los
cambios pequeños y
puede ser afectado
por ellos.

# Índice

## Créditos

### Fotografía y arte
1: Andy Murch/Visuals Unlimited; 2cl: Andreas Meyer/Shutterstock; 2–3b (water): Irochka/Fotolia; 3: Rob Stegmann/iStockphoto; 4–5 (background): Nastco/iStockphoto; 4tl: Andy Murch/Visuals Unlimited; 4tc: Chris Dascher/iStockphoto; 4cl: Fiona Ayerst/iStockphoto; 4bl: Chris Dascher/iStockphoto; 4br: Reinhard Dirscherl/Visuals Unlimited; 4bc, 5l: Andy Murch/Visuals Unlimited; 5tc: Amanda Cotton/iStockphoto; 5crt, 5crm: Chris Dascher/iStockphoto; 5crb: Kadri Ates Evirgen/iStockphoto; 6–7 (main image): Alexis Rosenfeld/Science Photo Library/Science Source; 6 (human icon): Tulay Over/iStockphoto; 6–7 (whale shark icon): Scholastic Inc.; 7 (hand): peshkova/Fotolia; 7 (lanternshark): Seapics.com; 7 (dinosaur icon): Pro Web Design/Fotolia; 8t: T. Carter/Science Image/CSIRO; 8c: Mandy Hague; 9: Jon Hughes, jfhdigital.com; 10–11 (main image): Michael Patrick O'Neill/Science Source; 10–11 (main image): Michael Patrick O'Neill/Science Source; 11tl: iLexx/iStockphoto; 11tr: Eye of Science/Science Source; 11br: BW Folsom/Shutterstock; 12cl: ia_64/Fotolia; 12cr: Scholastic Inc.; 12–13b: Mark Conlin/Alamy Images; 13 (blood): stockcam/iStockphoto; 13tr: Stephen Frink/Corbis Images; 14t: Masa Ushioda/Media Bakery; 14cr: gosphotodesign/Fotolia; 14b: Scholastic Inc.; 15cr: Doug Perrine/Nature Picture Library; 15b: iStockphoto/Thinkstock; 16 (t to b): Julian Rovagnati/Shutterstock, Cor Bosman/iStockphoto, bernd.neeser/Shutterstock, bluehand/Shutterstock; 17 (t to b): Albert kok/Wikipedia, Stephen Frink/Corbis Images, Seapics.com, Martin Strmiska/Alamy Images; 18–19 (t, b): Scholastic Inc.; 18–19 (main image): Fabrice Bettex/Alamy Images; 20tl: Marine Themes; 20b: Dan Burton/Nature Picture Library; 20–21b (various plankton): bluehand/Shutterstock, micro_photo/iStockphoto, digitalbalance/Fotolia; 21tr: Seapics.com; 21b: Louise Murray/Science Source; 22–23 (background): Tobias Helbig/iStockphoto; 22 (shark): David Fleetham/Visuals Unlimited; 22 (yellow fish): Richard Carey/iStockphoto; 22 (coral bl): microgen/iStockphoto; 22 (shrimp): rep0rter/iStockphoto; 22 (eel): Richard Carey/iStockphoto; 22–23 (coral bc): Dirk-Jan Mattaar/iStockphoto; 23 (sharks): R. Gino Santa Maria/Shutterstock; 23 (turtle): Zoonar/Thinkstock; 23 (yellow fish): Predrag Vuckovic/iStockphoto; 23 (clownfish br): marrio31/iStockphoto; 24–25 (background): iLexx/iStockphoto; 24–25 (map): Arunas Gabalis/Shutterstock; 24cl: Chris Dascher/iStockphoto; 25cr: Andreas Meyer/Shutterstock; 25br: Michael Patrick O'Neill/Science Source; 26–27b (blood): Scholastic Inc.; 26–27 (main image): Brian Skerry/National Geographic/Getty Images; 26 (bowl): studyoritim/iStockphoto; 26 (spoon): Scholastic Inc.; 27 (paper): Electric_Crayon/iStockphoto; 27 (tape): spxChrome/iStockphoto; 27 (photo frame): kevin llewellyn/iStockphoto; 27 (diver with shark): Institute for Ocean Conservation Science/Stony Brook University; 28–29: Seapics.com; 30–31: Chris Fallows/www.apexpredators.com.

### Cubierta
Front cover: (icon) Jan Dabrowski/iStockphoto; (main image) Alexander Safonov/Getty Images; (bc) cameilia/Shutterstock; (br) Katseyephoto/Dreamstime. Back cover: (computer monitor) Manaemedia/Dreamstime. Inside front cover: (all) Scholastic Inc.

### Agradecimientos
Un agradecimiento especial a George H. Burgess, director del Florida Program for Shark Research y curador del International Shark Attack File, Florida Museum of Natural History, por compartir su tiempo y sus conocimientos. También a la Dra. Ellen K. Pikitch, bióloga marina y directora ejecutiva del Institute for Ocean Conservation Science, Stony Brook University School of Marine and Atmospheric Sciences, a Drury Thorp, cofundador de Shark Savers, a Kim Dennis-Bryan, por su experto asesoramiento, y a Mike Coots por compartir su gran entusiasmo.
Shark attack data on pages 24-25 © International Shark Attack File, Florida Museum of Natural History, University of Florida.